EINFACH GUT

Inge Feldhaus (Hrsg.)

Kartoffelgerichte

Inhalt

Vorwort	3
Die köstliche Knolle	4
Suppen	6
Hauptgerichte	14
Salate	38
Beilagen	50
Rezeptverzeichnis	64

Vorwort

Einst war die Kartoffel eines unserer wichtigsten Grundnahrungsmittel, heute wird sie meist zu einer »Beilage« degradiert. Dies hat sie eigentlich nicht verdient, steckt die Kartoffel doch voller wertvoller Inhaltsstoffe, ist gesund, preiswert und zu jeder Jahreszeit erhältlich. In diesem Büchlein wollen wir ihr zu neuem Glanz verhelfen, indem wir eine Vielfalt an kulinarischen Variationen vorstellen, die uns die Kartoffel bietet.
Alle Rezepte wurden von Hobbyköchen nachgekocht. Sofern nichts anderes angegeben, sind die Rezepte für zwei Portionen berechnet. Keines der Rezepte ist kompliziert oder stellt besondere Ansprüche an die Ausstattung des Küchenhaushalts. Darüber hinaus sind die Gerichte in Gruppen zusammengefaßt, die Ihnen die Vorauswahl erleichtern: Suppen, Hauptgerichte, Salate, Beilagen auf Kartoffelbasis.
Bei jedem Rezept findet sich außer dem Stichwort zur Geschmackscharakteristik eine Information zum zeitlichen Arbeitsaufwand, mit dem Sie zu rechnen haben. Wir beziehen uns auf die folgenden zeitlichen Modi:
schnell: Zubereitungszeit bis zu $1/2$ Stunde
braucht Zeit: Zubereitungszeit $1/2$ bis $1 1/2$ Stunden
zeitintensiv: Zubereitungszeit mehr als $1 1/2$ Stunden.
Die Zubereitungszeit beinhaltet sämtliche Vorbereitungs- und Garzeiten.
In einer dreizeiligen Information vor den Rezeptzutaten finden Sie die Zubereitungszeit, den Kaloriengehalt der einzelnen Speisen sowie Hinweise auf Beilagen und Getränke.
Backzeit und Temperaturangaben beziehen sich auf einen Elektroherd.
Bei der Zubereitung gehen wir davon aus, daß Obst, Gemüse und Kräuter geputzt und gewaschen sind, daher wird es in den Rezepten nicht mehr erwähnt.

Abkürzungen:

EL = Eßlöffel (gestrichener)
TL = Teelöffel (gestrichener)
Msp. = Messerspitze
TK = tiefgekühlt
l = Liter
ml = Milliliter = 1/1000 l
kg = Kilogramm
g = Gramm
kcal = Kilokalorien
ca. = circa
Min. = Minute(n)
Std. = Stunde(n)

Die Kalorienangaben beziehen sich immer auf 1 Portion.
Alle Gerichte sind für 2 Personen berechnet.

Die köstliche Knolle

Die Kartoffel ist ein äußerst bemerkenswertes Gewächs mit einer schillernden Geschichte. Als 1526 die Spanier in das Andenreich der Inka vordrangen, lernten sie die nährstoffreiche Knolle kennen, ihren Wert aber noch längst nicht schätzen. Sie nahmen die Pflanze mit nach Europa, wo sie in den Ziergärten der Kaiser und Könige ein Dasein als bizarre und vielbewunderte exotische Blütenpflanze fristete. Für die eßbare Knolle interessierte man sich zunächst nicht. In Deutschland fand die Kartoffel erst unter Friedrich dem Großen, dem »Alten Fritz«, Beachtung als wichtiges Nahrungsmittel – und auch das nicht ohne einen gewissen Druck seitens der Obrigkeit. Die Menschen standen der neuen Nahrungspflanze nämlich eher skeptisch gegenüber – aufgrund eines Mißverständnisses: Man hielt das oberirdische Grün für das eigentliche Gemüse und bereitete es wie Spinat zu. Die sich aus den Blüten entwickelnden kleinen Früchte sind aber giftig – ihr Verzehr kann tödlich sein. Kein Wunder, daß man die Bauern zwingen mußte, das Giftkraut anzubauen, dessen bekömmliche Knollen in der Erde verborgen sind.

Das Marktangebot

Speisekartoffeln werden in zwei Handelsklassen eingeteilt: »Extra« und »I«, wobei es sich um eine Unterscheidung primär nach Aussehen und Größe handelt, weniger um eine Einteilung nach Geschmacksmerkmalen. Des weiteren muß der Käufer auf Sorte und Kochtyp achten, die ebenfalls auf der Verpackung angegeben sein müssen. Man unterscheidet drei Kochtypen:

– »Festkochende Kartoffeln« haben meist eine längliche Knollenform. Sie sind von fester Konsistenz, und die Schale springt beim Kochen nicht auf. Sie eignen sich gut für Kartof-

felsalate, Gratins und Bratkartoffeln. Die bekanntesten erhältlichen Sorten sind »Sieglinde« und »Nicola«.

– »Vorwiegend festkochende Kartoffeln« sind ebenfalls länglich in der Form, springen beim Kochen nur wenig auf, haben einen milden bis kräftigen Geschmack und eignen sich vor allem für die Zubereitung als Pellkartoffeln, als Salz- und als Grillkartoffeln. Die wichtigsten Sorten sind »Grata« und »Granola«.

– »Mehligkochende Kartoffeln« springen beim Kochen stärker auf, sie sind trockener und grobkörniger als die beiden anderen Sorten. Ihrer lockeren Konsistenz wegen eignen sie sich für Knödel und Püree, für Kartoffelpuffer sowie für sämige Kartoffelsuppen und -eintöpfe. Die wichtigsten Sorten sind »Datura« und »Irmgard«.

Neben dem Kochtyp ist die Erntezeit von Bedeutung:

Frühkartoffeln (Juni/Juli) sind nur wenige Tage lagerfähig, sie sollten rasch verbraucht werden. Da sie eine hauchdünne Schale haben, genügt es, sie gut abzubürsten, man braucht sie nicht zu schälen, denn die verbleibende Schale ist eßbar.

Spätere Sorten halten sich etwas länger, doch erst die ab Oktober geernteten Knollen sind für die Einlagerung geeignet.

Die richtige Aufbewahrung

Auch Kartoffeln, die zum baldigen Verzehr bestimmt sind, sollten richtig aufbewahrt werden. Weder der Kühlschrank, noch der sonnenbeschienene Balkon ist da der richtige Ort. Kartoffeln sollen dunkel, kühl und gut belüftet lagern. Ein trockener, kühler Keller, in dem die Kartoffeln auf einem Lattenrost liegen, eignet sich aus diesem Grund für die Langzeitlagerung am besten.

Aber auch kleine Portionen, die man in den nächsten Tagen zu verbrauchen gedenkt, sollte man nicht im Plastiksack aufheben. Die Kartoffeln schimmeln darin sehr schnell, oder sie fangen an zu keimen, was dem Geschmack abträglich ist.

Kartoffeln kochen

Es empfiehlt sich, Kartoffeln nach Möglichkeit mit der Schale zu garen, denn so bleiben die Inhaltsstoffe besser erhalten.

Für die Zubereitung von Pellkartoffeln gilt: Möglichst gleich große Kartoffeln von gleicher Sorte aussuchen, damit alle Knollen die gleiche Garzeit haben. Nur so viel Wasser angießen, daß die Kartoffeln knapp bedeckt sind, und sie im verschlossenen Topf 20 bis 25 Minuten kochen. Die Garprobe macht man mit einem spitzen Küchenmesser: Läßt es sich ohne Widerstand bis zur Mitte hineinstechen, kann man die Kartoffeln abgießen. Danach läßt man sie ohne Wasser auf der heißen Herdplatte etwa 2 Minuten abdampfen.

Salzkartoffeln werden grundsätzlich in der gleichen Weise gegart.

Die gewaschenen, geschälten und in gleich große Stücke geschnittenen Kartoffeln werden knapp mit kaltem Wasser bedeckt aufgesetzt. Je Liter Kochwasser sollten Sie höchstens 1 Teelöffel Salz hinzufügen. Die Garzeit beträgt auch hier etwa 20 Minuten – machen Sie die Garprobe. Die Kartoffeln abgießen, abdämpfen und je nach Rezept weiterverwenden.

Da Kartoffeln zu 80% aus Wasser bestehen, garen sie natürlich auch im eigenen Saft – man muß nur dafür sorgen, daß er in der Kartoffel bleibt, etwa indem man sie mit der Schale in Alufolie einwickelt und sie dann im Backofen gart, was freilich länger dauert als das Kochen in Wasser: Je nach Dicke der Kartoffeln ist mit 50 bis 60 Minuten zu rechnen.

Das gleiche Garprinzip macht sich ein Spezialkochtopf zunutze, der sogenannte Kartoffel-Schlemmertopf. Man wässert den Kartoffeltopf kurz und legt die Kartoffeln hinein, fügt 1 bis 2 Tassen Wasser hinzu.

Oma's Tip: etwas Kümmel darüberstreuen. Danach stellt man den Topf mit geschlossenem Deckel in den kalten Ofen, läßt ihn etwa 1 Stunde bei 250° C im Backofen oder etwa $1/4$ Stunde bei 600 Watt in der Mikrowelle, nimmt schließlich den Deckel ab und läßt die Kartoffeln noch einige Minuten fertiggaren.

SUPPEN

Freunde kräftiger, sättigender Suppen werden die Kartoffel als Bestandteil solcher Gerichte zu schätzen wissen, die sehr gut auch als leckere Hauptmahlzeit dienen können. Eine weniger deftige Kartoffelsuppe eignet sich als appetitanregende Vorspeise zu einem reichhaltigen süßen Auflauf, und sogar als ersten Gang eines einfachen Menüs kann man eine kleine Portion einer leichten, gebundenen Kartoffelsuppe reichen.

Scharfe Hühnersuppe indische Art

▪ Zubereitungszeit: ca. 2 Std.
▪ ca. 600 kcal je Portion
▪ Dazu paßt getoastetes Weißbrot

1 kleines Bund Suppengrün
$1/2$ Poularde
1 Lorbeerblatt
3 Pfefferkörner
Salz
400 g mehlkochende Kartoffeln
250 g Möhren
4 Lauchzwiebeln
1 EL Sojaöl
1 Banane
$1/2$ EL Currypulver
$1/2$ Becher Sahnejoghurt
gemahlener weißer Pfeffer

1. Das Suppengrün grob würfeln. Die Poularde häuten, mit dem Suppengrün, dem Lorbeerblatt und den Pfefferkörnern in knapp 1 l Salzwasser geben, aufkochen und etwa eine ³/₄ Stunde garen.

2. In der Zwischenzeit die Kartoffeln und die Möhren schälen und grob würfeln.

3. Die Poularde aus der Brühe nehmen und etwas abkühlen lassen. Die Brühe durch ein Sieb gießen.

4. Das Gemüse in der Brühe ¹/₄ Stunde garen. Einige Möhrenstücke herausnehmen, das restliche Gemüse mit einem Pürierstab in der Brühe fein pürieren. Die Lauchzwiebeln in Ringe schneiden und in Öl kurz anbraten. Die Banane pürieren und mit dem Curry, dem Joghurt und den Lauchzwiebeln verrühren. Die Kartoffelsuppe unterrühren.

5. Das Poulardenfleisch auslösen und würfeln. Die Möhrenstücke in feine Streifen schneiden. Beides in die Suppe geben und diese kräftig mit Curry und Pfeffer abschmecken.

Tip:
Lassen Sie die Poularde nicht zu stark abkühlen, denn je wärmer sie ist, desto leichter läßt sich das Fleisch von den Knochen lösen.

Variation:
Statt Hühnerfleisch kann man Krabben oder Garnelen verwenden.
Wer es nicht gern fruchtig mag, läßt die Banane weg und fügt anderes Gemüse – etwa Paprika oder Erbsen – zur Suppe.

ZEITINTENSIV
PIKANT

ZEITINTENSIV · **WÜRZIG-CREMIG**

Kartoffel-Erbsen-Suppe

- Zubereitungszeit: ca. 2 Std.
- ca. 250 kcal je Portion
- Dazu paßt Schwarzbrot

150 g grüne Erbsen, 1 Lorbeerblatt
1 große Möhre, 1 Stück Sellerie
1 kleine Petersilienwurzel
1 kleine Stange Lauch
1 kleine Zwiebel
150 g geschälte Kartoffeln
1 TL Majoran
je $1/2$ TL Thymian und Basilikum
$1/2$ **Gemüsebrühwürfel**
Kräutersalz, frisch gemahlener Pfeffer
frisch geriebene Muskatnuß
1 EL Butter
75 g Joghurt oder saure Sahne
geröstete Brotwürfel
1 EL gehackte Petersilie

1. Die Erbsen über Nacht in $1/2$ l Wasser einweichen.

2. Mit dem Einweichwasser und dem Lorbeerblatt aufsetzen und in etwa 1 Stunde weich kochen. (Wenn Sie geschälte Erbsen verwenden, verringert sich die Kochzeit um etwa $1/2$ Stunde)

3. Das Gemüse und die Kartoffeln kleinschneiden, zusammen mit Majoran, Thymian und Basilikum sowie dem Gemüsebrühwürfel mit $1/2$ l Wasser zu den Erbsen geben und alles in 20 Minuten garen.

4. Anschließend die Suppe pürieren und mit Kräutersalz, Pfeffer und Muskatnuß abschmecken. Die Butter und die saure Sahne unterziehen und die Suppe nach Belieben mit der Petersilie bestreuen.

Tip:
Diese Suppe schmeckt auch sehr gut, wenn man geröstete Brotwürfel darüberstreut.

Fischtopf

- Zubereitungszeit: ca. ³/₄ Std.
- ca. 330 kcal je Portion
- Dazu paßt Knoblauchbaguette

250 g festkochende Kartoffeln
Salz
250 g Fischfilet, küchenfertig
1 EL Zitronensaft
1 große Zwiebel
1 Knoblauchzehe
1 EL Butterschmalz
¹/₄ l Fischfond (aus dem Glas)
70 ml Weißwein
¹/₂ Salatgurke
1 EL Crème fraîche
1 TL mittelscharfer Senf
2 EL gehackter Dill, frisch
gemahlener weißer Pfeffer

1. Die Kartoffeln schälen, würfeln und in Salzwasser ¹/₄ Stunde vorkochen.

2. Den Fisch mit Zitronensaft beträufeln, salzen, durchziehen lassen und in mundgerechte Würfel schneiden.

3. Die Zwiebel und die Knoblauchzehe hacken und im Butterschmalz anbraten, den Fond und den Weißwein angießen.

4. Die Salatgurke schälen und würfeln. Kartoffel-, Gurken- und Fischstücke in die Brühe geben und etwa ¹/₄ Stunde ziehen lassen.

5. Crème fraîche, Senf und Dill unterrühren und die Suppe mit Pfeffer abschmecken.

Kartoffel-Sahne-Suppe

- Zubereitungszeit: ca. ½ Std.
- ca. 310 kcal je Portion
- Dazu paßt Weißbrot

250 g Kartoffeln
1 kleine Zwiebel
50 g Lauch
1 EL Butter
400 ml Kalbs- oder Geflügelbrühe
Salz, frisch gemahlener Pfeffer
1 Msp. Kreuzkümmel
frisch geriebene Muskatnuß
75 ml Weißwein
50 g Sahne
1 EL Schnittlauchröllchen

1. Die Kartoffeln und die Zwiebel schälen und fein würfeln. Den Lauch in kleine Würfel schneiden.

2. Die Butter in einem Topf erhitzen und die Kartoffeln darin anschwitzen. Den Lauch und die Zwiebel dazugeben und mitschwitzen.

3. Mit der Brühe ablöschen und mit Pfeffer, Kreuzkümmel und Muskat kräftig würzen. Alles bei mäßiger Hitze etwa ¼ Stunde gar ziehen lassen. Anschließend die Suppe mit dem Pürierstab pürieren.

4. Den Wein dazugeben und die Suppe nochmals erhitzen. Die Sahne leicht anschlagen und erst kurz vor dem Servieren unter die Suppe ziehen. Mit dem Schnittlauch bestreuen.
(auf dem Foto oben)

Kartoffelsuppe mit Mittelmeerkräutern

- Zubereitungszeit: ca. ¾ Std.
- ca. 300 kcal je Portion
- Dazu paßt Fladenbrot

1 dünne Stange Lauch
1 kleine Petersilienwurzel
1 kleine Möhre
200 g geschälte Kartoffeln
1 EL Butter
½ l Gemüsebrühe
1 Prise Meersalz
frisch geriebene Muskatnuß
je 1 TL frischer gehackter Majoran,
Salbei, Rosmarin und Thymian
½ Bund Blattpetersilie
2 EL Sesam
50 g Crème fraîche

1. Den Lauch in hauchdünne Streifen schneiden. Die Petersilienwurzel fein hacken, die Möhre fein würfeln. Die Kartoffeln in kleine Würfel schneiden.

2. Die Butter in einem Topf erhitzen und das Gemüse und die Kartoffeln darin anschwitzen. Mit der Gemüsebrühe ablöschen und mit Meersalz und Muskatnuß würzen. Bei mäßiger Hitze 20 bis 25 Minuten köcheln lassen.

3. Die Kräuter unterziehen, die Kartoffelsuppe nochmals abschmecken. Den Sesam kurz anrösten.

4. Die Suppe mit einem Klecks Crème fraîche und mit dem gerösteten Sesam bestreut servieren.
(auf dem Foto unten)

BRAUCHT ZEIT · ALLERFEINST

BRAUCHT ZEIT · AROMATISCH

Rosenkohlsuppe

- Zubereitungszeit: ca. 1 1/4 Std.
- ca. 1000 kcal je Portion
- Dazu paßt Schwarzbrot

70 g durchwachsener Speck
1 Zwiebel
1 Stange Lauch
400 g vorwiegend festkochende Kartoffeln
125 g Möhren
400 g Rosenkohl
1 EL Butterschmalz
1 l heiße Fleischbrühe
2 Kochmettwürstchen
gemahlener weißer Pfeffer
geriebene Muskatnuß

1. Den Speck würfeln. Die Zwiebel hacken. Den Lauch in Ringe schneiden. Die Kartoffeln und die Möhren schälen und würfeln. Den Rosenkohl am Stielansatz jeweils kreuzweise einschneiden.

2. Das Butterschmalz erhitzen und den Speck darin auslassen. Die Zwiebel, den Lauch, die Kartoffeln und die Möhren hinzufügen und andünsten. Die heiße Brühe angießen und etwa 10 Minuten kochen lassen.

3. Dann den Rosenkohl hineingeben und alles weitere 1/4 Stunde garen.

4. Die Mettwürste 5 Minuten vor Ende der Garzeit dazugeben und erwärmen. Die Suppe mit den Gewürzen kräftig abschmecken.

BRAUCHT ZEIT · DEFTIG

Ungarische Kartoffelsuppe

- Zubereitungszeit: ca. ¾ Std.
- ca. 650 kcal je Portion
- Dazu paßt Fladenbrot

500 g festkochende Kartoffeln
Salz
1 große Zwiebel
1 Knoblauchzehe
2 rote Paprikaschoten
1 EL Butterschmalz
½ EL Paprikapulver
400 ml Fleischbrühe
gemahlener schwarzer Pfeffer
150 g Cabanossi, in Scheiben
2 EL Knoblauch-Crème-fraîche
Tabasco

1. Die Kartoffeln schälen, würfeln und in Salzwasser 10 Minuten vorkochen. Die Zwiebel und die Knoblauchzehe hacken. Die Paprikaschoten in Stücke schneiden.

2. Das Schmalz erhitzen, Zwiebel, Knoblauch und Paprikastücke darin kurz andünsten. Das Paprikapulver unterrühren. Die Brühe angießen und aufkochen.

3. Die Kartoffeln hinzufügen, alles mit Pfeffer würzen und im geschlossenen Topf etwa 5 Minuten garen.

4. Die Wurst noch 5 Minuten mitgaren. Die Crème fraîche unterrühren, und die Suppe mit Tabasco, Pfeffer und Paprika abschmecken.

HAUPT-GERICHTE

Die geschmacklich milde Kartoffel harmoniert hervorragend mit anderen Gemüsen, mit Fleisch, Geflügel oder Fisch, mit Käse und Eiern. Als Grundlage und wichtiger sättigender Bestandteil von deftigen, pikanten oder raffinierten Aufläufen und Eintöpfen ist sie deshalb ganz ausgezeichnet geeignet. Zudem sind solche Gerichte willkommen, weil sie der Resteverwertung dienen können und sich meist auch gut einfrieren lassen.

Gratin mit Schweinefilet

- Zubereitungszeit: ca. 1 Std.
- Backzeit: ca. 1 Std.
- ca. 690 kcal je Portion
- Dazu paßt Feldsalat

400 g vorwiegend festkochende Kartoffeln
Salz
250 g Schweinefilet
2 Gewürzgurken
125 g Zwiebeln
75 g Champignons
2 EL Distelöl
gemahlener schwarzer Pfeffer
1 EL Dijonsenf
200 g saure Sahne
Fett für die Form
50 g Frühstücksspeck

1. Die Kartoffeln in Salzwasser garen, abgießen, pellen und in Scheiben schneiden. Das Schweinefilet und die Gurken in dünne Scheiben, die Zwiebeln in dünne Ringe, die Champignons in Blättchen schneiden.

2. Das Öl in einer Pfanne erhitzen und das Fleisch darin portionsweise braten, salzen und pfeffern. Den Backofen auf 200° C vorheizen.

3. Die Zwiebeln in dem verbleibenden Bratfett glasig braten. Die Champignons hinzufügen und ebenfalls braten.

4. Nach 5 Minuten Gurken, Fleisch, $1/2$ Eßlöffel Senf und 1 Eßlöffel saure Sahne untermischen und alles mit Pfeffer abschmecken.

5. Die Hälfte der Kartoffelscheiben in eine gefettete Auflaufform (20 x 25 cm) legen, salzen und pfeffern. Die Fleisch-Gurken-Mischung darauf verteilen. Mit den restlichen Kartoffelscheiben bedecken, ebenfalls salzen und pfeffern.

6. Die restliche saure Sahne und den Senf verrühren, erhitzen und gleichmäßig über dem Gratin verteilen. Den Frühstücksspeck darauf verteilen. $1/2$ Stunde überbacken.

Tip:
Anstelle des Schweinefilets kann man auch gut Rinderfilet oder Hackfleisch verwenden.

BRAUCHT ZEIT
HERZHAFT

Kartoffeln nach Bauernart

- Zubereitungszeit: ca. 1 1/4 Std.
- ca. 1010 kcal je Portion
- Dazu paßt eine Rohkostplatte

1 TL Butter
500 g Kartoffeln
150 g Schinkenspeck
1 mittelgroße Zwiebel
1 TL Butter für die Form
6 Eier
1/8 l Milch
Salz
Pfeffer
2 EL gehackter Schnittlauch

1. Den Backofen auf 200° C vorheizen. Die Kartoffeln kochen, pellen und in dünne Scheiben schneiden.

2. Den Schinkenspeck in Würfel schneiden. Die Zwiebel schälen und ebenfalls würfeln. Butter in einer Pfanne erhitzen, den Schinkenspeck und die Zwiebel darin anbraten. Mit den Kartoffeln in eine ausgefettete Auflaufform schichten.

3. Die Eier mit der Milch und den Gewürzen verquirlen, über die geschichteten Kartoffeln gießen und das Ganze etwa 3/4 Stunde backen. Mit Schnittlauch bestreut servieren.
(auf dem Foto oben)

Überbackene Speckkartoffeln

- Zubereitungszeit: 1 1/4 Std.
- ca. 800 kcal je Portion
- Dazu paßt ein Salatteller

100 g Schinkenspeck
1 mittelgroße Zwiebel
1 EL Butter
500 g Kartoffeln
Salz
Pfeffer
125 g Sahne
50 g geriebener Emmentaler
frisch gehackte Petersilie zum Garnieren

1. Den Backofen auf 200° C vorheizen. Den Schinkenspeck in kleine Würfel schneiden. Die Zwiebel fein würfeln, mit dem Speck und der Butter in einer Pfanne andünsten.

2. Die Kartoffeln schälen und in Scheiben hobeln. Die Kartoffelscheiben mit den Schinken- und den Zwiebelwürfeln in eine Auflaufform geben, mit Pfeffer und Salz würzen.

3. Die Sahne darübergießen und das Gericht mit dem Käse bestreuen. Zugedeckt etwa 1/2 Stunde backen. Mit der gehackten Petersilie bestreuen.
(auf dem Foto unten)

BRAUCHT ZEIT · DEFTIG

BRAUCHT ZEIT · VOLLMUNDIG

BRAUCHT ZEIT · FEIN-WÜRZIG

Pilz-Kartoffel-Auflauf

- Zubereitungszeit ca. ¾ Std.
- ca. 390 kcal je Portion
- Dazu paßt ein bunter Salat

**500 g Champignons oder Austernpilze
1 Zwiebel
2 Knoblauchzehen, geschält
1 EL Öl
Salz, frisch gemahlener weißer Pfeffer
1 TL Basilikum
2 Portionen Kartoffelpüree
(siehe Seite 52)
Muskatnuß, frisch gerieben
Fett für die Form
50 g Gorgonzola**

1. Den Backofen auf 200° C vorheizen. Die Champignons abbrausen und in Scheiben schneiden.

2. Die Zwiebel fein hacken. Die Knoblauchzehen durch die Presse drücken. Die Champignons mit der Zwiebel und den Knoblauchzehen im heißen Öl andünsten, bis die Flüssigkeit fast verdampft ist. Mit Salz, Pfeffer und Basilikum kräftig würzen.

3. Das Kartoffelpüree mit den Pilzen mischen, mit Muskat abschmecken, alles in eine gefettete Form füllen. Den Käse als Flocken darübergeben. Im Backofen 25 Minuten überbacken.

BRAUCHT ZEIT · KRÄFTIG

Sauerkrautauflauf

- Zubereitungszeit: ca. 1 Std.
- ca. 900 kcal je Portion
- Dazu paßt dunkles Bier

200 g Kasseler, in Würfeln
1¹/₂ EL Schweineschmalz
1 gehackte Zwiebel
400 g Sauerkraut
125 g geschälte Äpfel, in Stücken
75 ml Fleischbrühe, 2 EL Calvados
5 Wacholderbeeren
500 g mehligkochende Kartoffeln
125 ml Buttermilch, 1 EL Butter
geriebene Muskatnuß
Fett für die Form
100 g geriebener kräftiger Butterkäse

1. Das Kasseler in dem Schmalz anbraten. Die Zwiebel und das Sauerkraut darin andünsten. Äpfel, Brühe, Calvados und Wacholderbeeren hinzufügen und alles etwa 20 Minuten schmoren lassen. Inzwischen den Backofen auf 200° C vorheizen.

2. Aus den Kartoffeln, der Buttermilch, der Butter und der Muskatnuß ein Püree bereiten (siehe Rezept Seite 52).

3. Die Hälfte des Pürees in eine gefettete Auflaufform (20 x 30 cm) streichen. Das Sauerkraut gut abtropfen lassen und darauf verteilen. Mit Püree bedecken und mit Käse bestreuen, etwa 40 Minuten backen.

Kartoffel-Spinat-Auflauf

- Zubereitungszeit: ca. 1 Std.
- ca. 340 kcal je Portion
- Dazu passen Spiegeleier

400 g Kartoffeln
Salz
1 kleine Zwiebel
1 Knoblauchzehe
300 g frischer oder TK-Blattspinat
1 EL Butter
frisch gemahlener Pfeffer
frisch geriebene Muskatnuß
2 Tomaten
50 ml Milch, 50 g Sahne
Butter zum Ausfetten
50 g geriebener Käse

1. Die Kartoffeln in Salzwasser bei mäßiger Hitze 20 bis 30 Minuten kochen.

2. Inzwischen die Zwiebel und den Knoblauch fein hacken. Den Spinat grob hacken. Die Butter in einer Pfanne erhitzen und die Zwiebel und den Knoblauch darin andünsten. Den Spinat dazugeben, kurz andünsten und mit Salz, Pfeffer und Muskatnuß kräftig würzen.

3. Die Tomaten in Scheiben schneiden. Die Kartoffeln pellen und durch die Kartoffelpresse drücken. Mit der Milch und der Sahne schaumig schlagen, mit Salz und Pfeffer würzen.

4. Den Backofen auf 180° C vorheizen. Eine Auflaufform ausfetten und das Kartoffelpüree, den Spinat und die Tomatenscheiben hineinschichten. Den Auflauf etwa ½ Stunde backen, in den letzten 10 Minuten den Käse darüberstreuen.

(auf dem Foto: oben)

Auflauf Gärtnerin Art

- Zubereitungszeit: ca. 1 Std.
- ca. 370 kcal je Portion
- Dazu paßt eine Rohkostplatte

300 g Kartoffeln
Salz
1 Zwiebel
125 g Möhren
125 g Schwarzwurzeln oder Kohlrabi
75 g Erbsen
200 g Frischkäse
50 ml Milch
1 Ei
1 EL gehackter Thymian
frisch gemahlener Pfeffer
frisch geriebene Muskatnuß
Butter zum Ausfetten

1. Die Kartoffeln in Salzwasser 20 bis 30 Minuten gar kochen, pellen und in 1 cm dicke Scheiben schneiden. Inzwischen die Zwiebel und die Möhren in feine Scheiben schneiden. Die Schwarzwurzeln schälen, in Stücke schneiden.

2. Möhren, Schwarzwurzeln und Erbsen 4 bis 5 Minuten blanchieren und abschrecken.

3. Den Backofen auf 180° C vorheizen. Den Frischkäse mit der Milch, dem Ei und dem Thymian glattrühren und mit Salz, Pfeffer und Muskat kräftig würzen. Alle Zutaten schichtweise in eine gefettete Auflaufform geben. Die Frischkäsemischung darüber verteilen und alles etwa ½ Stunde backen.

(auf dem Foto: unten)

BRAUCHT ZEIT · **VOLLWERTIG**

BRAUCHT ZEIT · **KNACKIG**

Kartoffelauflauf mit Corned beef

- Zubereitungszeit: ca. ¾ Std.
- ca. 330 kcal je Portion
- Dazu paßt Feldsalat

1 mittelgroße Zwiebel
1 grüne Paprikaschote
1 EL Butter
300 g gegarte Salzkartoffeln
100 g Corned beef
1 Ei
3 EL Sahne
Salz, Pfeffer
edelsüßer Paprika
1 Tomate (60 g)

1. Den Backofen auf 200° C vorheizen. Die Zwiebel in feine Würfel, die Paprikaschote in feine Streifen schneiden, beides mit der Butter in einer Pfanne etwa 4 Minuten andünsten. Dabei gelegentlich wenden.

2. Die Kartoffeln in Scheiben schneiden. Das Corned beef in Streifen schneiden und zusammen mit den Kartoffelscheiben und dem Gemüse in eine Auflaufform geben.

3. Das Ei mit der Sahne und den Gewürzen verquirlen und über die Zutaten gießen.

4. Die Tomate in Scheiben schneiden und auf die Zutaten legen. Den Auflauf im Backofen in etwa 35 bis 40 Minuten garen.

Tip:
Statt des Corned beefs können Sie in dünne Scheiben geschnittene Mettwurst oder Knoblauchwurst verwenden.
(auf dem Foto oben)

Krautauflauf

- Zubereitungszeit: ca. 1 Std.
- ca. 290 kcal je Portion
- Dazu paßt grüner Salat

500 g festkochende Kartoffeln
Salz
1 EL Butter
80–100 g Corned beef
500 g Weißkraut
etwas Öl
1 TL Butter für die Form
Pfeffer
½ TL Kümmel
2 Eier
125 g saure Sahne
2 EL gehackte Petersilie
2 EL Butter

1. Den Backofen auf 200° C vorheizen. Die Kartoffeln in Salzwasser etwa 20 bis 30 Minuten kochen, pellen und in Scheiben schneiden. Das Kraut fein hobeln und in dem Öl kurz andünsten.

2. Eine runde Auflaufform (25–28 cm ø) mit der Butter ausfetten. Die Kartoffelscheiben und das Corned beef mit dem Kraut in die Form schichten und das Ganze mit Salz, Pfeffer und Kümmel würzen.

3. Die Eier mit der sauren Sahne und der Petersilie verquirlen, über die Zutaten gießen und die Butterflöckchen daraufsetzen.

4. Das Gericht in der offenen Form etwa 40 Minuten garen.
(auf dem Foto unten)

BRAUCHT ZEIT · PIKANT

BRAUCHT ZEIT · HERZHAFT

Truthahn-Kartoffel-Auflauf

- Zubereitungszeit: ca. 2 Std.
- ca. 760 kcal je Portion
- Dazu paßt Tomatensalat

300 g Truthahnschnitzel
40 g Butter
400 g Kartoffeln
1 Zwiebel (30 g)
1 Knoblauchzehe
80 g TK-Erbsen
Salz
Pfeffer
60 g geriebener Emmentaler
100 ml Milch
80 g Sahne

1. Das Truthahnfleisch in lange, dünne Streifen schneiden. Einen Eßlöffel Butter in einer Pfanne erhitzen. Die Truthahnstreifen darin anbraten. Den Backofen auf 200° C vorheizen.

2. Die Kartoffeln schälen und in feine Scheiben, die Zwiebel in Ringe schneiden, die Knoblauchzehe fein würfeln. Den Knoblauch in einer verschließbaren, flachen Form (ca. 25 x 30 cm) verteilen. Abwechselnd die Kartoffelscheiben, die Zwiebelringe, die Erbsen und die Truthahnstreifen hineinschichten, mit Salz und Pfeffer würzen. Den Käse darüberstreuen und die restliche Butter in Flöckchen darauf setzen.

3. Die Milch mit der Sahne verquirlen, mit Salz und Pfeffer würzen und über die Zutaten gießen. Den Auflauf zugedeckt etwa ½ Stunde im Backofen garen.
(auf dem Foto oben)

Zucchini-Hackfleisch-Topf

- Zubereitungszeit: ½ Std.
- ca. 340 kcal je Portion
- Dazu paßt Baguette

1 mittelgroße Zwiebel
250 g mehligkochende Kartoffeln
1 EL Butterschmalz
knapp ½ l Gemüsebrühe
2 Zucchini
150 g Rinderhackfleisch
1 kleines Ei
1 EL Magerquark
Salz, gemahlener Pfeffer
1 EL Distelöl
1 EL Kartoffelstärke
1 EL gehackter Dill
1 EL Crème fraîche

1. Die Zwiebel in Ringe schneiden. Die Kartoffeln schälen und würfeln. Die Zwiebelringe und die Kartoffelwürfel in dem Butterschmalz anbraten. Die Brühe angießen, aufkochen und alles etwa ½ Stunde kochen lassen.

2. Inzwischen die Zucchini würfeln und nach 15 Minuten zu den Kartoffeln geben.

3. In der Zwischenzeit das Hackfleisch mit dem Ei und dem Quark mischen. Mit Salz und Pfeffer abschmecken, kleine Klößchen formen und diese im heißen Öl rundherum braten.

4. Die Kartoffelstärke mit etwas kaltem Wasser verquirlen und in die kochende Suppe rühren.

5. Den Dill und die Crème fraîche hinzufügen. Den Zucchinitopf mit Salz und Pfeffer abschmecken und die Hackklößchen vorsichtig unterheben.
(auf dem Foto unten)

ZEITINTENSIV · **FEIN-MILD**

SCHNELL · **WÜRZIG**

ZEITINTENSIV · DEFTIG

Lammfleisch »Bäckerart«

- Zubereitungszeit: ca. 1³/₄ Std.
- ca. 290 kcal je Portion
- Dazu passen grüne Bohnen

600 g Lammfleisch (Keule)
Salz, frisch gemahlener schwarzer Pfeffer
1 Knoblauchzehe
2 EL Olivenöl
2 Zwiebeln
300 g Kartoffeln
75 ml Rotwein
1 EL gehackter Rosmarin
¹/₈ l Brühe
1 Prise Muskat

1. Den Backofen auf 200° C vorheizen. Das Lammfleisch mit Salz und Pfeffer würzen. Den Knoblauch hacken und das Fleisch damit einreiben. Das Olivenöl in einer Pfanne erhitzen und das Fleisch darin auf allen Seiten anbraten. Die Pfanne für ¹/₂ Stunde in den Ofen geben. Das Lammfleisch herausnehmen.

2. Die Zwiebeln in Scheiben schneiden und in der Pfanne 5 Minuten andünsten. Die Kartoffeln schälen und in 5 mm dicke Scheiben schneiden, zu den Zwiebeln geben und mit dem Rotwein ablöschen. Den Rosmarin und die Brühe beigeben und mit Muskat, Salz und Pfeffer würzen.

3. Das Lammfleisch auf die Kartoffeln legen, für ³/₄ Stunde in den Ofen geben und offen schmoren lassen.

ZEITINTENSIV · DEFTIG

Irish Stew

- Zubereitungszeit: ca. 1½ Std.
- ca. 680 kcal je Portion
- Dazu paßt ein kühles Bier

400 g Lammfleisch (Keule)
½ l Brühe
125 g Karotten
1 Zwiebel
¼ kleiner Weißkohl
400 g Kartoffeln
20 g fetter Räucherspeck
Salz, schwarzer Pfeffer
1 Prise Kümmel
1 EL gehackte Petersilie

1. Das Lammfleisch in gulaschgroße Würfel schneiden und in der Brühe ¼ Stunde kochen.

2. Die Karotten, die Zwiebel und den Weißkohl in gleich große Stücke schneiden. Die Kartoffeln schälen und in Scheiben schneiden. Den Speck in dünne Scheiben schneiden und auf den Boden eines Kochtopfes legen. Das Gemüse und das Fleisch abwechselnd hineinschichten.

3. Die Brühe mit Salz, Pfeffer und Kümmel abschmecken und vorsichtig zugießen. Bei schwacher Hitze 1 Stunde zugedeckt kochen lassen. Nicht umrühren! Petersilie darüberstreuen.

Kartoffelpizza

- Zubereitungszeit: ca. 1 Std.
- ca. 500 kcal je Portion
- Dazu paßt Radicchiosalat

Für den Teig:
500 g vorwiegend festkochende Kartoffeln, geschält
½ Zwiebel
50 g saure Sahne, 1 Ei
125 g mittelalter Gouda
Salz, Pfeffer
Fett für das Blech

Für den Belag:
1 kleine Dose Tomatenmark
1 TL gehackter Thymian
1 kleine rote Paprikaschote
1 kleine grüne Paprikaschote
50 g Champignons
50 g gefüllte Oliven, 50 g Cabanossi

1. Den Backofen auf 225° C vorheizen. Die Kartoffeln fein reiben, Masse etwas ausdrücken. Die Zwiebel hacken und mit der Hälfte der sauren Sahne, dem Ei und 100 g geriebenem Käse unter die Kartoffelmasse rühren. Mit Salz und Pfeffer kräftig würzen. Die Masse auf ein gefettetes Backblech streichen und etwa ½ Stunde vorbacken.

2. In der Zwischenzeit die restliche Sahne mit Tomatenmark und Thymian verrühren.

3. Die Paprikaschoten in Würfel schneiden. Die Pilze putzen, mit einem feuchten Tuch abreiben und blättrig schneiden. Die Oliven und die Cabanossi in Scheiben schneiden.

4. Die Pizza dünn mit der Tomatencreme bestreichen, mit dem Gemüse und der Cabanossi belegen, mit dem restlichen geriebenen Käse bestreuen und 15 bis 20 Minuten backen.
(auf dem Foto oben)

Spinatpizza

- Zubereitungszeit: ca. 2 Std.
- ca. 650 kcal je Portion
- Dazu paßt Tomatensalat

Kartoffelteig (siehe Rezept links)
250 g Tomaten
1 kleine Zwiebel
3 EL Öl
Kräutersalz, Pfeffer
2 TL feingehackte Kräuter der Provence
1 Knoblauchzehe
etwa 350 g Spinat
100 g geriebener Käse

1. Den Backofen auf 225° C aufheizen. Kartoffelpizzateig herstellen, gleichmäßig auf ein gefettetes Backblech streichen und ungefähr ½ Stunde vorbacken.

2. Die Tomaten enthäuten und das Fruchtfleisch würfeln. Die Zwiebel schälen, in feine Würfel schneiden.

3. Die Zwiebel in 1 Eßlöffel Öl glasig dünsten. Tomaten, Salz, Pfeffer und Kräuter der Provence hinzufügen und alles einmal aufkochen lassen, mit dem Pürierstab pürieren. Die Knoblauchzehe zerdrücken, dazugeben und alles gleichmäßig auf die Kartoffelmasse streichen.

4. Den Spinat in feine Streifen schneiden und in dem restlichen Öl so lange dünsten, bis er zusammengefallen ist. Mit Pfeffer und eventuell Knoblauch abschmecken, das Gemüse auf der Pizza verteilen, mit geriebenem Käse bestreuen. Die Kartoffelpizza in den Backofen schieben und nochmals 15 bis 20 Minuten überbacken.
(auf dem Foto unten)

BRAUCHT ZEIT · **HERZHAFT**

ZEITINTENSIV · **HERZHAFT**

SCHNELL　　　　SCHNELL · ERFRISCHEND

Kräuterpellkartoffeln

- Zubereitungszeit: ca. 1/2 Std.
- ca. 100 kcal je Portion
- Dazu passen Dips

> 500 g frische, vorwiegend festkochende Kartoffeln
> Salz
> 1 TL Kümmel
> 1 TL Thymian
> 1 TL Rosmarin
> einige Pfefferkörner
> 1 Lorbeerblatt

1. Die Kartoffeln gründlich waschen und abbürsten. Mit etwas Salzwasser in einem Topf zum Kochen bringen.

2. Die Gewürze dazugeben, den Topf verschließen und die Kartoffeln je nach Größe 18 bis 20 Minuten kochen.

3. Herausnehmen und mit der Schale zu den folgenden Dips servieren.

Sommerquark

- Zubereitungszeit: ca. 1/2 Std.
- ca. 220 kcal je Portion
- Dazu paßt ein Glas Bier

> etwa 500 g Quark
> etwas Milch
> 1 1/2 EL Öl
> 1 1/2 TL Kräutersalz, Pfeffer
> 1 kleine Zwiebel
> 1 Salatgurke
> 1/2 Birne
> 10 Radieschen
> 250 g Paprikaschote
> 1 EL gehackter Dill
> 1 EL gehackte Petersilie

1. Quark mit Milch und Öl verrühren und mit Kräutersalz und Pfeffer abschmecken.

2. Die Zwiebel, die Gurke, die Birne, die Radieschen und die Paprikaschote fein würfeln.

3. Alles mit dem Dill und der Petersilie vorsichtig unter den Quark rühren.

SCHNELL · **DELIKAT** SCHNELL · **ZART-FRUCHTIG**

Nußdip

- Zubereitungszeit: ca. ¹/₄ Std.
- ca. 250 kcal je Portion
- Dazu paßt Rotwein

> 125 g Frischkäse oder Quark
> 1 EL Öl
> 2 EL gehackte Nüsse nach Belieben
> ¹/₂ EL Zitronensaft
> 3 TL Worcestersauce
> 1 TL Honig
> Kräutersalz, frisch gemahlener Pfeffer
> 2 EL feingehackte Zitronenmelisse

Die Zutaten zu einer Sauce verrühren und zu den Pellkartoffeln servieren.

Variation:
Die Sauce wird besonders fein, wenn man statt der Nüsse gehackte Pistazienkerne verwendet. Diese dürfen aber nicht gesalzen sein.

Orangendip

- Zubereitungszeit: ca. ¹/₄ Std.
- ca. 190 kcal je Portion
- Dazu paßt Weißwein

> 75 g Magerquark
> 3 EL Sahne
> ¹/₂ TL französischer Senf
> Saft von ¹/₂ bis 1 Orange
> Kräutersalz
> Curry
> etwas abgeriebene Schale einer unbehandelten Orange

Die Zutaten zu einer Sauce verrühren und zu den Pellkartoffeln servieren.

Tip:
Eine aparte farbliche Variante entsteht, wenn man den Saft von Blutorangen verwendet.

BRAUCHT ZEIT · **AROMATISCH** SCHNELL · **FEIN-WÜRZIG**

Wildkräutercreme

- Zubereitungszeit: ca. ³/₄ Std.
- ca. 330 kcal je Portion
- Dazu paßt Rotwein

1 Bund Frühlingszwiebeln
1 Knoblauchzehe
1 TL Meersalz
1 Tomate
4 EL gehackte Wildkräuter
100 g Doppelrahmfrischkäse
75 g saure Sahne
frisch gemahlener weißer Pfeffer
etwas Zitronensaft
1 TL Honig

1. Die Frühlingszwiebeln in feine Streifen schneiden. Die Knoblauchzehe mit Salz zerdrücken. Die Tomate enthäuten und in Würfel schneiden.

2. Das Gemüse mit den Wildkräutern, dem Frischkäse und der sauren Sahne in eine Schüssel geben, alles gut mischen.

3. Die Creme mit Salz, Pfeffer, Zitronensaft und Honig kräftig abschmecken.

Kräuterbutter

- Zubereitungszeit: ca. ¹/₄ Std.
- ca. 460 kcal je Portion
- Dazu paßt ein Glas Bier

125 g Butter
¹/₂ Zwiebel
1 EL gehackte Petersilie
1 EL gehackter Thymian
1 EL gehackter Oregano
1 EL gehackter Estragon
1 EL mittelscharfer Senf
einige Tropfen Worcestersauce
1 TL Zitronensaft
Salz, frisch gemahlener Pfeffer

1. Die Butter in einer Schüssel schaumig rühren. Die Zwiebel fein hacken und mit den Kräutern sowie dem Senf unter die Butter rühren.

2. Mit der Worcestersauce, dem Zitronensaft, Salz und Pfeffer abschmecken.

BRAUCHT ZEIT · **PIKANT**   SCHNELL · **PIKANT**

Edelpilzcreme

- Zubereitungszeit: ca. ³/₄ Std.
- ca. 580 kcal je Portion
- Dazu paßt ein Glas Bier

75 g Edelpilzkäse
30 g Butter
75 g Doppelrahmfrischkäse
75 g Crème fraîche
1 EL Milch
¹/₂ Zwiebel
1 EL gehackte Petersilie
1 EL gehackter Kerbel
Salz, frisch gemahlener Pfeffer
1 Prise Zucker
1 EL Weinbrand

1. Den Edelpilzkäse mit einer Gabel zerdrücken. In eine Schüssel geben, mit der Butter, dem Frischkäse, der Crème fraîche und der Milch glattrühren (Butter und Käse sollten Zimmertemperatur haben).

2. Die Zwiebel fein hacken, mit den Kräutern unter die Masse ziehen. Mit Salz, Pfeffer und dem Zucker abschmecken, mit dem Weinbrand aromatisieren.

Kräutercreme

- Zubereitungszeit: ca. ¹/₂ Std.
- ca. 160 kcal je Portion
- Dazu paßt Rotwein

2 hartgekochte Eier
1 Schalotte
1 EL mittelscharfer Senf
75 g Sahnejoghurt
Saft von ¹/₂ Zitrone
1 EL Sardellenpaste
4 EL gehackte gemischte Kräuter
Salz, frisch gemahlener weißer Pfeffer
etwas Worcestersauce

1. Die Eier pellen, würfeln und durch ein Sieb in eine Schüssel streichen. Die Schalotte fein hacken und dazugeben. Mit Senf, Joghurt, Zitronensaft, Sardellenpaste glattrühren.

2. Die Kräuter unter die Eiercreme rühren. Alles mit Salz, Pfeffer und Worcestersauce abschmecken.

BRAUCHT ZEIT · DEFTIG

Himmel und Erde

- Zubereitungszeit: ca. ³/₄ Std.
- ca. 1000 kcal je Portion
- Dazu paßt frischer Salat

500 g mehlige Kartoffeln
1 TL Salz
500 g geschälte, entkernte Äpfel,
  in Achteln
¹/₄ l Wasser
¹/₂ TL Zucker
1 EL Zitronensaft
50 g fetter Speck, in Würfeln
1 Zwiebel, in Würfeln
3 EL Öl
250 g Blutwurst, in Scheiben

1. Die Kartoffeln schälen, in Salzwasser kochen, zerstampfen. Die Äpfel im Wasser mit Zucker und Zitronensaft gar dünsten. Den Speck auslassen und die Zwiebeln im Fett glasig werden lassen. Etwas von den Zwiebeln und von dem Speck zum Garnieren beiseite stellen.

2. Die Kartoffeln mit den Äpfeln und der restlichen Speck-Zwiebel-Mischung mit einem Schneebesen durchschlagen, mit Zucker und Salz abschmecken.

3. Die Blutwurstscheiben im Öl anbraten und auf die Kartoffelmasse geben. Mit der beiseite gestellten Speck-Zwiebel-Mischung bestreuen.

BRAUCHT ZEIT · WÜRZIG

Kartoffelgulasch mit Fisch

- Zubereitungszeit: ca. 1¼ Std.
- ca. 350 kcal je Portion

200 g Kartoffeln
½ Zwiebel
1 EL Butter
75 ml Weißwein
⅜ l Gemüsebrühe
2 Nelken
1 kleiner Zucchino
400 g Kabeljau, küchenfertig
50 g Crème fraîche
Salz, frisch gemahlener weißer Pfeffer
1 EL gehackter Dill

1. Die Kartoffeln waschen, schälen und fein würfeln. Die Zwiebel fein hacken. Die Butter erhitzen und die Zwiebel darin glasig dünsten. Die Kartoffelwürfel dazugeben und kurz mitbraten.

2. Mit Weißwein und der Gemüsebrühe auffüllen, die Nelken dazugeben und alles bei mäßiger Hitze 10 bis 15 Minuten köcheln lassen.

3. Inzwischen den Zucchino waschen, in Würfel schneiden und in den Kartoffeltopf geben. Bei mäßiger Hitze 10 bis 15 Minuten gar ziehen lassen. Das Fischfilet würfeln, die letzten 5 Minuten bei geöffnetem Topf mitgaren.

4. Das Kartoffelgulasch mit Crème fraîche verfeinern, mit Salz und Pfeffer kräftig würzen und den Dill unterziehen.

Makrelenauflauf

- Zubereitungszeit: ca. 1 Std.
- ca. 700 kcal je Portion
- Dazu paßt Feldsalat

500 g mehligkochende Kartoffeln
Salz
200 g geräucherte Makrele
300 g Tomaten, in Scheiben
Fett für die Form
frisch gemahlener Pfeffer
225 g saure Sahne
2 Eier
1 EL gehackter Schnittlauch
geriebene Muskatnuß
50 g geraspelter Favorel-Käse
oder mittelalter Gouda
25 g Butter

1. Den Backofen auf 200° C vorheizen. Die Kartoffeln in Salzwasser garen, pellen und in Scheiben schneiden. Die Makrele häuten, entgräten und in Stücke teilen.

2. Die Kartoffel- und Tomatenscheiben sowie die Fischstücke abwechselnd in eine gefettete Auflaufform (20 x 25 cm) schichten (oberste Schicht Kartoffeln). Das Gemüse leicht salzen und pfeffern.

3. Die Sahne mit den Eiern, dem Schnittlauch, Salz, Pfeffer und Muskatnuß verquirlen und darübergießen.

4. Den Käse darüberstreuen und Butterflöckchen daraufgeben, etwa 35 Minuten backen.
(auf dem Foto oben)

Labskaus

- Zubereitungszeit: ca. 2½ Std.
- ca. 500 kcal je Portion
- Dazu passen Spiegeleier und Matjes

1 Zwiebel
250 g gepökelte Rinderbrust
1 Lorbeerblatt
5 schwarze Pfefferkörner
5 Senfkörner
500 g Kartoffeln
75 g Schalotten
2 EL Butterschmalz
ca. 200 g rote Beten aus dem Glas
2 Gewürzgurken
1 Spritzer Worcestersauce
Salz, Pfeffer

1. Die Zwiebel schälen, mit der Rinderbrust, dem Lorbeerblatt, den Pfeffer- und Senfkörnern in einen Topf geben, mit Wasser bedecken und alles etwa 1½ Stunden kochen lassen. Das Fleisch durch einen Fleischwolf drehen.

2. Die Kartoffeln schälen, würfeln und in der Brühe garen.

3. Die Schalotten fein hacken und im heißen Butterschmalz anbraten. Dann die Kartoffeln zerdrücken und mit dem Fleisch unter die Schalotten mischen.

4. Die roten Beten und die Gewürzgurken fein würfeln, unterheben. Das Labskaus unter ständigem Rühren in einem Topf nochmals erwärmen, mit Worcestersauce, Salz und Pfeffer abschmecken.

Tip:
Sicherlich ist das Gericht sehr aufwendig zu kochen, aber es ist eine Besonderheit!
(auf dem Foto unten)

BRAUCHT ZEIT · WÜRZIG

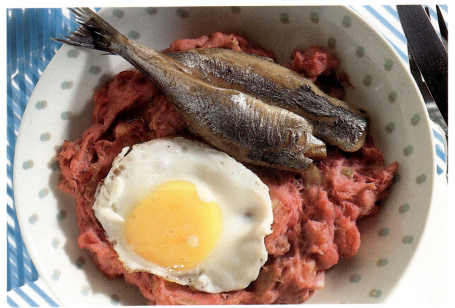

ZEITINTENSIV · SÄUERLICH-PIKANT

37

SALATE

Salate aller Art sind beliebte Gerichte mit einer schier endlosen Variationspalette. Kartoffeln bilden auch hier eine gern verwendete Grundlage, weil sie sich nicht nur mit allen möglichen Zutaten hervorragend vertragen, sondern auch beim Dressing keine Ansprüche stellen: Eine schlichte Essig-Öl-Marinade verbindet sich ebensogut mit der anpassungsfähigen Kartoffel wie eine leichte Sahne- oder Joghurtsauce oder auch eine pikante Remoulade oder Mayonnaise.

Kartoffel-Sellerie-Salat

- Zubereitungszeit: ca. 2½ Std.
- Zeit zum Durchziehen: ca. 2 Std.
- ca. 390 kcal je Portion
- Paßt zu kurzgebratenem Fleisch

300 g Rindfleisch zum Kochen
einige schwarze Pfefferkörner
½ **Lorbeerblatt**
½ **Bund Suppengemüse**
300 g kleine Salatkartoffeln
Salz
150 g Staudensellerie
5 Radieschen
1 Schalotte
1½ **EL Pflanzenöl**
2 **EL Weißweinessig**
Zitronenpfeffer
½ **EL süßer Senf**

1. Das Rindfleisch kurz unter kaltem Wasser waschen und in einen Topf legen. Knapp mit kaltem Wasser bedecken, die Pfefferkörner und das Lorbeerblatt dazugeben und alles aufkochen lassen. Anschließend offen bei milder Hitze etwa 1 Stunde köcheln lassen.

2. Das Suppengemüse in Stücke schneiden. Zum Fleisch geben und alles zusammen nochmals etwa $1/2$ Stunde garen.

3. Inzwischen die Kartoffeln in Salzwasser knapp gar kochen, noch warm schälen, in mundgerechte Stücke schneiden.

4. Das Fleisch in 2 cm große Würfel schneiden. Die Brühe durch ein Sieb gießen und auffangen.

5. Den Staudensellerie in feine Scheibchen schneiden. Das Grün fein hacken. Die Radieschen vierteln. Das Grün ebenfalls fein hacken.

6. Kartoffeln, Rindfleisch, Sellerie, Radieschen und das Grün in eine große Schüssel geben.

7. Die Schalotte fein hacken. Mit etwa 3 EL der Brühe, Öl, Essig, Salz, Zitronenpfeffer und Senf kräftig verquirlen und würzig abschmecken.

8. Den Salat mit der Sauce übergießen, vorsichtig mischen, 2 Stunden zugedeckt im Kühlschrank durchziehen lassen.

Tip:
Anstelle des Rindfleisches können Sie auch geräucherte Putenbrust oder Braten nehmen.

ZEITINTENSIV
SÄUERLICH

SCHNELL · PIKANT

Bunter Kartoffelsalat

- Zubereitungszeit: ca. ½ Std.
- Zeit zum Durchziehen: ca. 1 Std.
- ca. 580 kcal je Portion
- Paßt zu gegrilltem Fleisch

350 g festkochende Kartoffeln
Salz
50 g TK-Erbsen
1 kleiner Kohlrabi
½ Rettich oder 6 Radieschen
50 g durchwachsener Speck
½ EL Distelöl
70 g saure Sahne
50 g Remoulade
1 EL Weißweinessig
1 Eigelb
gemahlener schwarzer Pfeffer

1. Die Kartoffeln in Salzwasser kochen, pellen, abkühlen lassen und in Würfel schneiden.

2. Die Erbsen etwa 3 Minuten blanchieren. Den Kohlrabi würfeln. Die Radieschen vierteln (den Rettich in Würfel schneiden). Die Zwiebel hacken.

3. Den Speck würfeln, im heißen Öl auslassen und unter das gemischte Gemüse heben.

4. Die Sahne, die Remoulade, den Essig und das Eigelb verquirlen. Mit Salz und Pfeffer abschmecken, unter den Salat heben und ihn etwa 1 Stunde durchziehen lassen.

SCHNELL · **FEIN-WÜRZIG**

Leichter Kartoffelsalat

- Zubereitungszeit: ca. ½ Std.
- ca. 550 kcal je Portion
- Dazu paßt ein Mehrkornbrötchen

400 g Kartoffeln
Salz
1 Schalotte
½ EL Senf
2–3 EL Obstessig
50 ml heiße Kalbsbrühe
Kräutersalz
frisch gemahlener grüner Pfeffer
¼ Salatgurke
3 Radieschen
1 Tomate
3 EL kaltgepreßtes Sonnenblumenöl
2 EL gehackte frische Salatkräuter

1. Die Kartoffeln in wenig Salzwasser in 20 bis 30 Minuten gar kochen, noch heiß schälen, in Scheiben schneiden. Die Schalotte klein würfeln. Aus dem Senf, dem Obstessig und der Kalbsbrühe eine Salatmarinade herstellen. Die Kartoffeln damit mischen, mit Kräutersalz und Pfeffer abschmecken.

2. Die Salatgurke und die Radieschen in Scheiben schneiden, die Tomate achteln.

3. Das Gemüse unter den Salat heben, das Öl dazugeben, den Salat mischen und mit den Kräutern bestreuen.

Kartoffelsalat mit Kräutersauce

- Zubereitungszeit: ca. ³/₄ Std.
- Zeit zum Durchziehen: ca. ¹/₂ Std.
- ca. 250 kcal je Portion
- Paßt zu Würstchen

> 300 g Kartoffeln
> 1 Zwiebel
> ¹/₂ Bund Frühlingszwiebeln
> 50 g Magerquark
> ¹/₂ Tasse Joghurt
> ¹/₂ Tasse Crème fraîche
> Saft von ¹/₂ Zitrone
> 1 TL Salz
> 3 TL Obstessig
> 3 Knoblauchzehen
> frisch gemahlener weißer Pfeffer
> 1 Prise Zucker
> 4 EL feingehackte Frühlingskräuter
> ¹/₂ Röhrchen Kapern

1. Die Kartoffeln 20 Minuten kochen. Die Zwiebel fein hacken und die Frühlingszwiebeln in Ringe schneiden.

2. Den Magerquark mit dem Joghurt, der Crème fraîche, dem Zitronensaft und dem Obstessig glattrühren, unter die Zwiebeln mischen.

3. Die Knoblauchzehen mit Salz zerreiben, dazugeben, alles mit Pfeffer und dem Zucker würzen.

4. Die Kräuter sowie die Kapern dazugeben und das Dressing nochmals abschmecken.

5. Die Kartoffeln pellen, in Scheiben schneiden, auskühlen lassen. Mit dem Knoblauchdressing anmachen und mindestens ¹/₂ Stunde ziehen lassen.
(auf dem Foto oben)

Kartoffelsalat mit Rote-Bete-Dressing

- Zubereitungszeit: ca. 1 Std.
- Zeit zum Durchziehen: ca. 15 Min.
- ca. 310 kcal je Portion
- Paßt zu gebackenem Fischfilet

> 800 g festkochende Kartoffeln
> 40 g rote Beten aus dem Glas
> ¹/₈ l Fleischbrühe
> 1 TL Weißweinessig
> Salz, Zucker
> frisch gemahlener weißer Pfeffer
> 3 EL Öl
> 1 kleiner Knollensellerie (ca. 350 g)
> 2 Stangen Lauch

1. Die Kartoffeln in wenig Wasser gar kochen, pellen und abkühlen lassen.

2. Inzwischen die roten Beten pürieren. Fleischbrühe, Essig, Salz, Zucker und Pfeffer unterrühren. Das Öl nach und nach dazugeben und nochmals abschmecken.

3. Den Sellerie würfeln und in wenig Wasser bißfest kochen. Die Kartoffeln in mittelgroße Würfel schneiden.

4. Den Lauch in mittelgroße Ringe schneiden. In sprudelndem Salzwasser blanchieren und zusammen mit dem Sellerie zu den Kartoffeln geben.

5. Das Dressing über den Salat gießen, ihn vorsichtig mischen. Etwa ¹/₄ Stunde ruhen lassen.
(auf dem Foto unten)

BRAUCHT ZEIT · **HERZHAFT**

BRAUCHT ZEIT · **MILD**

Matjessalat

- Zubereitungszeit: ca. 1 Std.
- Zeit zum Durchziehen: ca. 1 Std.
- ca. 1200 kcal je Portion
- Dazu paßt ein Roggenbrötchen

500 g festkochende Kartoffeln
Salz
4 Gewürzgurken
2 rote Zwiebeln
4 Matjesfilets
1 Eigelb
1 TL Dijonsenf
1 EL Weißweinessig
gemahlener weißer Pfeffer
1 Prise Zucker
1 EL Distelöl
1 EL gehackter Dill

1. Die Kartoffeln in Salzwasser garen, abgießen und pellen. In Scheiben schneiden.

2. Inzwischen die Gurken und die Zwiebeln schälen. Das Gemüse und den Fisch in feine Streifen schneiden. Alle Zutaten mit den Kartoffeln mischen.

3. Das Eigelb, Senf und Essig mit Salz, Pfeffer und Zucker kräftig verschlagen.

4. Dann das Öl unter ständigem Rühren in einem dünnen Strahl dazugießen. Den Dill unterziehen und alles ochmals abschmecken.

5. Die Sauce mit den Salatzutaten mischen. Den Salat etwa 1 Stunde durchziehen lassen.
(auf dem Foto: oben)

Salat Nizza

- Zubereitungszeit: ca. 1 Std.
- Zeit zum Durchziehen: ca. 1 Std.
- ca. 220 kcal je Portion
- Dazu paßt Baguette

400 g vorwiegend festkochende
Kartoffeln
200 g grüne Bohnen
1 Bund Bohnenkraut
Salz
2 EL Sherryessig
1 gehackte Zwiebel
gemahlener weißer Pfeffer
1 Prise Zucker
4 EL Olivenöl
20 g gefüllte Oliven aus dem Glas,
in Scheiben
2 EL Sherry
4 Sardellenfilets
2 Tomaten
35 g Kapern aus dem Glas

1. Die Kartoffeln kochen, abgießen, pellen un in Scheiben schneiden.

2. Die Bohnen mit dem Bohnenkraut in Salz wasser etwa 20 Minuten bißfest garen. Di Sardellenfilets abspülen und in Streife schneiden. Die Tomaten halbieren oder i Scheiben schneiden.

3. Inzwischen die Oliven mit dem Sherry be träufeln und ziehen lassen.

4. Den Essig mit der Zwiebel, Salz, Pfeffe Zucker und Öl verrühren und über die warme Kartoffelscheiben gießen. Die Kapern hinzufü gen, alles mischen und etwa 1 Stunde durch ziehen lassen.

3. Inzwischen die Oliven mit dem Sherry be träufeln und ziehen lassen.
(auf dem Foto: unten)

Kartoffelsalat mit Löwenzahn

- Zubereitungszeit: ca. ½ Std.
- ca. 250 kcal je Portion
- Paßt zu Frikadellen

250 g Kartoffeln, gekocht, geschält und in Scheiben geschnitten
2 EL Weißweinessig
4 EL Olivenöl
Salz
Pfeffer
1 Zwiebel, sehr fein gehackt
1 Knoblauchzehe, zerdrückt
1 saurer Apfel in kleinen Würfeln
1 EL gehackte Petersilie
1 EL gehackter Kerbel
125 g Löwenzahn oder Frisée
50 g Schinkenspeck in Würfeln

1. Die Kartoffeln mit Essig, Olivenöl, Salz und Pfeffer, Zwiebel und dem Knoblauch mischen.

2. Den Apfel mit der Petersilie, dem Kerbel und dem Löwenzahn unter den Kartoffelsalat mischen.

3. Den Speck in der Pfanne knusprig braten und zum Salat geben.

ZEITINTENSIV · SÜSS-SAUER

Fruchtiger Kartoffelsalat

- Zubereitungszeit: ca. ¾ Std.
- Zeit zum Durchziehen: ca. 1 Std.
- ca. 700 kcal je Portion
- Paßt zu Roastbeef

500 g festkochende Kartoffeln
Salz
500 g feste Birnen
125 g Butterkäse
1–2 EL Zitronensaft
5 EL Salatcreme (Fertigprodukt)
5 EL Vollmilchjoghurt
2 EL gehackter Dill
gemahlener weißer Pfeffer

1. Die Kartoffeln in Salzwasser garen, pellen, abkühlen lassen und würfeln.

2. Die Birnen schälen und entkernen. Die Birnen und den Käse würfeln. Die Birnenwürfel mit Zitronensaft beträufeln. Birnen und Käse mit den Kartoffeln mischen.

3. Salatcreme, Joghurt und Dill verrühren, mit Salz und Pfeffer abschmecken, über die Salatzutaten gießen. Den Salat 1 Stunde durchziehen lassen.

Kartoffelsalat mit Putenbrust

- Zubereitungszeit: ca. ³/₄ Std.
- ca. 550 kcal je Portion
- Dazu paßt Baguette

400 g neue Kartoffeln
75 g Stangensellerie
100 g geräucherte Putenbrust
100 g Champignons
1 EL Öl
2 EL Weißweinessig
Salz, frisch gemahlener Pfeffer
1 Msp., gemahlener Kümmel
1 rote Zwiebel

1. Die Kartoffeln in 20 bis 30 Minuten garen, pellen und noch warm in dünne Scheiben schneiden.

2. Inzwischen den Stangensellerie in feine Scheiben schneiden und zu den Kartoffeln geben. Die Putenbrust in schmale Streifen schneiden. Die Champignons blättrig schneiden, beides in heißem Öl knusprig braten.

3. Den Essig mit Salz, Pfeffer und Kümmel erwärmen. Diese Sauce noch warm über den Salat gießen und ihn mindestens 10 Minuten ziehen lassen.

4. Inzwischen die Zwiebel fein hacken. Über den Salat streuen und ihn gut durchmischen, noch lauwarm servieren.

Rindfleisch-Zwiebel-Salat

- Zubereitungszeit: ca. $\frac{1}{2}$ Std.
- Zeit zum Durchziehen: ca. $\frac{1}{2}$ Std.
- ca. 700 kcal je Portion
- Dazu passen Dinkelbrötchen

200 g Salatkartoffeln
400 g Roastbeef
2 rote Zwiebeln
3 EL Rotweinessig
Salz, frisch gemahlener Pfeffer
3 EL Öl
1 EL gehackte Petersilie

1. Die Salatkartoffeln in 20 bis 30 Minuten garen. Noch warm pellen und in Scheiben schneiden.

2. Das Roastbeef in feine Streifen schneiden. Die Zwiebeln in Halbringe schneiden. Beides zu den Kartoffeln geben.

3. Essig, Salz und Pfeffer mit dem Öl zu einer cremigen Sauce rühren und über die Zutaten gießen.

4. Die Petersilie über den Salat streuen. Alles gründlich mischen, ca. $\frac{1}{2}$ Stunde durchziehen lassen.

BEILAGEN

Auch als Beilage zu Fleisch, Geflügel oder Fisch, zu Gemüse und leckeren Saucen sind Kartoffeln allseits beliebt. Dabei müssen sie keineswegs langweilige oder eintönige Zugaben sein. Sie lassen sich auf vielerlei Weise zu wohlschmeckenden und auch optisch ansprechenden Beigaben verarbeiten. Ja, sie können sogar den Charakter einer leichten Hauptmahlzeit annehmen, die zu ihrer Ergänzung nur einen knackigen, frischen Salat benötigt.

Kartoffelgratin

- Zubereitungszeit: ca. ¾ Std.
- ca. 480 kcal je Portion
- Dazu paßt ein Bauernsalat

500 g Kartoffeln
1 Knoblauchzehe
Butter zum Ausfetten
Kräutersalz
frisch gemahlener Pfeffer
frisch geriebene Muskatnuß
100 g geriebener Käse nach Geschmack
1 EL feingehackte Petersilie
200 g Joghurt (oder 150 g Sahne)
1 TL Senf
Butterflöckchen

1. Den Backofen auf 200° C vorheizen. Die Kartoffeln kochen, pellen und in Scheiben schneiden.

2. Eine Auflaufform mit einer halbierten Knoblauchzehe ausreiben und ausfetten. Eine Schicht Kartoffelscheiben in die Form legen, mit Kräutersalz, Pfeffer, Muskatnuß und etwas geriebenem Käse sowie Petersilie bestreuen. Mit der nächsten Schicht fortfahren, bis alle Kartoffeln verbraucht sind.

3. Den Joghurt mit Kräutersalz, Pfeffer und Senf verrühren, über das Gratin gießen und ihn mit einigen Butterflöckchen belegen. Im Backofen $1/4$ Stunde backen.

Tip:
Wenn Sie rohe Kartoffeln verwenden, braucht das Gratin 30 bis 35 Minuten Backzeit.

Variation:
Statt die Kartoffeln mit Joghurt zu übergießen, können Sie eine Mischung aus Olivenöl und Zitronensaft mit frischen Mittelmeerkräutern verwenden.

BRAUCHT ZEIT
HERZHAFT

Kartoffelpüree

- Zubereitungszeit: ca. ½ Std.
- ca. 220 kcal je Portion
- Paßt zu Bratwurst

500 g mehligkochende Kartoffeln
Salz
ca. ⅛ l heiße Milch
1 EL Butter
gemahlener weißer Pfeffer
geriebene Muskatnuß

1. Die Kartoffeln schälen, in Würfel schneiden und in Salzwasser etwa ¼ Stunde garen. Danach durch eine Kartoffelpresse drücken.

2. Die heiße Milch nach und nach unter die Kartoffelmasse rühren, je nach Beschaffenheit der Kartoffeln die Menge variieren.

3. Zum Schluß die Butter unterrühren und das Püree mit Salz, Pfeffer und Muskat abschmecken.
(auf dem Foto: links)

Variationen:
Kartoffelpüree können Sie auch mit Kräutern, Tomatenmark oder geriebenem Käse abschmecken.

Kartoffelpuffer

- Zubereitungszeit: ca. 1 Std.
- ca. 325 kcal je Portion
- Dazu passen Lachsscheiben mit Crème fraîche

250 g mehligkochende Kartoffeln
1 kleine Zwiebel
1 EL Mehl
2 Eier
Salz, gemahlener weißer Pfeffer
6 EL Butterschmalz

1. Die Kartoffeln schälen und fein reiben. Die Zwiebel schälen und zu den Kartoffeln reiben.

2. Das Mehl und die Eier mit der Masse verrühren. Mit Salz und Pfeffer würzen.

3. Butterschmalz in einer Pfanne erhitzen. Die Puffer formen und bei mittlerer Hitze von beiden Seiten braten, bis die Ränder knusprig braun sind.
(auf dem Foto: rechts)

Tip:
Besonders würzig schmecken die Kartoffelpuffer, wenn Sie feingewürfelten Schinken, gehackte Kräuter oder geriebenen Käse unter den Kartoffelteig rühren.

SCHNELL · **CREMIG**

BRAUCHT ZEIT · **HERZHAFT**

Rösti

- Zubereitungszeit: ca. ½ Std.
- ca. 270 kcal je Portion
- Paßt zu Pilzrahmsauce und Blattsalat

> 500 g Pellkartoffeln (am besten vom Vortag
> 2 EL Öl
> Pfeffer, Salz

1. Die Pellkartoffeln pellen und grob raspeln.
2. In einer beschichteten Pfanne Öl erhitzen. Die Raspel hineingeben, würzen und mit dem Pfannenwender leicht am Pfannenboden andrücken. 6 bis 8 Minuten bei mittlerer Hitze braten, bis der Außenrand rundherum goldbraun ist.
3. Einen großen flachen Teller über die Rösti legen. Die Pfanne mit Schwung herumdrehen. Die Rösti vorsichtig in die Pfanne gleiten lassen. Nochmals 5 bis 6 Minuten braten, bis auch die Unterseite goldbraun ist.

(auf dem Foto oben)

Bratkartoffeln

- Zubereitungszeit: ca. ¾ Std.
- ca. 280 kcal je Portion
- Paßt zu gebackenem Fleischkäse

> 600 g gekochte Kartoffeln (Pellkartoffeln)
> 1 Zwiebel
> 1 EL Schweineschmalz
> Pfeffer, Salz
> 1 EL feingehackte Petersilie

1. Die Kartoffeln schälen und in dünne Scheiben schneiden. Die Zwiebel in kleine Würfel schneiden.
2. Das Fett in die Pfanne geben und bei mittlerer Wärmestufe erhitzen. Die Kartoffelscheiben hineingeben.
3. Die Zwiebelwürfel in einer anderen Pfanne dünsten, dann zu den Kartoffelscheiben geben. 3 bis 4 Minuten anbraten, dann mit dem Pfannenwender die Scheiben so lange wenden, bis die Kartoffeln schön goldbraun und knusprig sind.
4. Mit frisch gemahlenem Pfeffer und Salz würzen. Mit der Petersilie bestreut anrichten.

(auf dem Foto unten)

SCHNELL · KROSS

BRAUCHT ZEIT · DEFTIG

SCHNELL · **VOLLWERTIG**

Kartoffel-Zucchini-Puffer

- Zubereitungszeit: ca. ½ Std.
- ca. 320 kcal je Portion
- Dazu paßt ein Kressesalat

100 g Zucchini
1 EL Butter
200 g Kartoffeln
2 EL Weizenvollkornmehl
1 Ei
1 TL getrockneter Oregano
Meersalz
frisch gemahlener Pfeffer
1 Prise Muskatblüte (Macis)
2 EL Öl

1. Die Zucchini grob reiben und in der Butter andünsten. Abkühlen lassen.

2. Die Kartoffeln schälen und grob reiben.

3. Mit den Zucchini, dem Weizenvollkornmehl, dem Ei und den Gewürzen mischen. Aus der Masse sofort kleine Puffer formen und in heißem Öl von beiden Seiten goldgelb backen.

Variation:
Anstelle der Zucchini können Sie sehr gut Lauch, rote Beten oder auch Möhren zu den Kartoffeln geben.

Tip:
Backen Sie die Puffer sofort, da das Gemüse und die Kartoffeln sonst Flüssigkeit ziehen!

Kartoffelnester

- Zubereitungszeit: ca. 1 Std.
- ca. 300 kcal je Portion
- Paßt gut zu Frikassee

**400 g mehligkochende Kartoffeln
Salz
50 g weiche Butter
3 Eigelb
geriebene Muskatnuß
Fett für das Blech**

1. Den Backofen auf 225° C vorheizen. Die Kartoffeln in Salzwasser garen, pellen und heiß durch die Kartoffelpresse drücken.

2. Die heiße Kartoffelmasse mit der Butter und 2 Eigelben verrühren. Mit Salz und Muskatnuß würzen.

3. Das Kartoffelpüree in einen Spritzbeutel mit großer Sterntülle füllen und auf ein mit der restlichen Butter gefettetes Backblech Püreenester spritzen.

4. Das restliche Eigelb mit etwas Wasser glattrühren und die Nester damit bestreichen. Etwa 10 Minuten goldgelb überbacken.

Variation:
Spritzen Sie statt der Nester kleine Ringe auf das Blech. Sie passen gut zu Gegrilltem oder zu gedünstetem Gemüse wie z. B. Brokkoli.

Dauphinekartoffeln

- Zubereitungszeit: ca. 1½ Std.
- ca. 160 kcal je Portion
- Paßt zu Braten

> 250 g mehligkochende Kartoffeln
> Salz
> ⅛ l Wasser
> 30 g Butter
> geriebene Muskatnuß
> 70 g Mehl
> 2 kleine Eier
> 1 Msp. Backpulver
> 750 g weißes Plattenfett (Kokosfett)

1. Die Kartoffeln in Salzwasser garen, ausdampfen lassen und pellen.

2. Das Wasser mit der Butter, 1 Prise Salz und Muskatnuß zum Kochen bringen. Das Mehl hineinrühren, bis sich der Teig als Kloß vom Topfboden löst. Dann die Eier unterrühren.

3. Die Kartoffeln durch eine Kartoffelpresse zu dem Teig drücken, das Backpulver hinzufügen und alles gut verrühren.

4. Das Fett in einem großen Topf, besser in einer Friteuse, auf 175° C erhitzen.

5. Den Teig in einen Spritzbeutel mit großer Lochtülle füllen und kleine birnenförmige Teigstückchen herausdrücken. Diese portionsweise etwa 4 bis 6 Minuten goldgelb ausbacken.
(auf dem Foto: oben)

Variation:
Etwas geriebenen Parmesan in die Kartoffelmasse einarbeiten.

Tip:
Die Zubereitung der Dauphinekartoffeln gelingt nur bei einer größeren Menge.

Kartoffelkroketten

- Zubereitungszeit: ca. 1¼ Std.
- ca. 200 kcal je Portion
- Paßt zu gebratenem Geflügel

> 400 g mehligkochende Kartoffeln
> Salz
> 1 Eigelb
> 50 g Weizenmehl Type 1050
> geriebene Muskatnuß
> gemahlener weißer Pfeffer
> nach Belieben gehobelte Nüsse oder Mandeln
> 750 g weißes Plattenfett (Kokosfett)

1. Die Kartoffeln in Salzwasser garen, ausdampfen lassen und pellen.

2. Die Kartoffeln durch eine Kartoffelpresse drücken, mit dem Eigelb und dem Mehl verrühren. Den Teig mit Salz, Muskatnuß und Pfeffer kräftig würzen.

3. Mit bemehlten Händen etwa daumendicke Kroketten formen und diese in den Nüssen oder Mandeln wälzen.

4. Das Fett in einem großen Topf, besser in einer Friteuse, auf 175° C erhitzen.

5. Die Kroketten in kleinen Portionen in 4 bis 6 Minuten goldgelb ausbacken, auf Küchenpapier abtropfen lassen.
(auf dem Foto: unten)

Variation:
Die Kroketten in grünem Pfeffer statt in Mandeln wälzen.

BRAUCHT ZEIT · **KROSS**

BRAUCHT ZEIT · **WÜRZIG-KNUSPRIG**

BRAUCHT ZEIT · **MILD**

Italienische Kräuterküchle (Panzarotti)

- Zubereitungszeit: ca. ¾ Std.
- ca. 590 kcal je Portion
- Dazu paßt Tomaten-Sahne-Kräuter-Sauce

400 g Kartoffeln
Salz
1 EL Kümmel
75 g Mehl
1 Ei
frisch gemahlener weißer Pfeffer
frisch geriebene Muskatnuß
125 g geriebener Parmesan
1 EL frisch gehackte Petersilie
2 Blatt Salbei, gehackt
80 g Mozzarella, gewürfelt
Öl zum Ausbacken

1. Die Kartoffeln gründlich abbürsten, mit wenig Wasser, Salz und dem Kümmel zugedeckt 25 bis 30 Minuten köcheln lassen.

2. Den Mozzarella würfeln. Anschließend die Kartoffeln schälen und durch die Kartoffelpresse drücken. Das Mehl und das Ei zu den Kartoffeln geben und gut mischen.

3. Mit Salz, Pfeffer und Muskatnuß kräftig würzen und zuletzt den Parmesan und die Kräuter unterziehen.

4. Aus dem Teig kleine Küchlein formen, in jedes Küchlein einen Würfel Mozzarella drücken. In Öl auf beiden Seiten goldgelb backen.

Italienische Kartoffelklöße

- Zubereitungszeit: ca. 1 Std.
- ca. 400 kcal je Portion
- Dazu paßt eine Käse-Schinken-Sahne-Sauce

400 g Kartoffeln
Salz
1 TL sehr fein geschnittener frischer Salbei
75 g feiner Weizengrieß
frisch geriebene Muskatnuß
2 EL lauwarmes Wasser
3 EL geriebener Käse
$1/2$ l Gemüsebrühe
20 g Butter
einige Salbeiblätter

1. Die Kartoffeln mit Salz und etwas Wasser zugedeckt bei mäßiger Hitze etwa $1/2$ Stunde köcheln lassen. Die Kartoffeln schälen und durch die Kartoffelpresse drücken.

2. Den Weizengrieß, den Salbei, das Salz, Muskatnuß, Wasser und Käse zu den Kartoffeln geben und alles zu einem glatten, geschmeidigen Teig verkneten. 5 bis 6 cm dicke Rollen formen. Davon 1 bis 2 cm dicke Scheiben abschneiden und zu Knödeln formen.

3. Die Gemüsebrühe erhitzen und die Knödel darin bei mäßiger Hitze 8 bis 10 Minuten gar ziehen lassen.

Tip:
Nach Geschmack die Butter erhitzen, die Salbeiblätter einlegen, kurz erhitzen und über die Klöße geben.

Kartoffelklöße halb und halb

- Zubereitungszeit: ca. ³/₄ Std.
- ca. 70 kcal pro Stück
- Paßt zu Rinderschmorbraten

> 400 g mehligkochende Kartoffeln
> Salz
> 40 ml heiße Milch
> geriebene Muskatnuß
> ¹/₂ Vollkorntoast
> ¹/₂ TL Butter

1. Am Vortag 150 Gramm Kartoffeln garen und anschließend pellen.

2. Die restlichen Kartoffeln waschen, schälen und in eine Schüssel mit Wasser reiben. Die Kartoffelmasse in einem Tuch gut ausdrücken, das Wasser auffangen und stehen lassen, damit sich die Kartoffelstärke absetzt.

3. Die gekochten Kartoffeln durch eine Kartoffelpresse drücken. Mit der heißen Milch verrühren.

4. Die Kartoffelmassen mischen. Das Kartoffelwasser vorsichtig abgießen und die Kartoffelstärke unter die Kartoffelmasse rühren. Mit Salz und Muskat kräftig würzen.

5. Den Toast würfeln und in der Butter rösten. Die Kartoffelmasse mit angefeuchteten Händen zu Klößen formen, mit Brotwürfeln füllen.

6. Die Klöße in kochendes Salzwasser geben und 15 bis 20 Minuten gar ziehen lassen.

(auf dem Foto: oben)

Kartoffelklöße mit Buchweizen

- Zubereitungszeit: ca. 1¹/₄ Std.
- ca. 90 kcal pro Stück
- Paßt zu Sauerbraten

> 500 g mehligkochende Kartoffeln
> Salz
> 1 kleines Ei
> 25 g Buchweizenmehl
> 60 g Mehl

1. Die Kartoffeln waschen, in Salzwasser garen, pellen und heiß durch eine Kartoffelpresse drücken.

2. Die Kartoffelmasse mit dem Ei, etwas Salz und den beiden Mehlsorten zu einem geschmeidigen Teig kneten.

3. Mit leicht bemehlten Händen 12 gleich große Klöße formen.

4. 2 Liter Salzwasser in einem weiten Topf zum Kochen bringen. Die Klöße portionsweise hineingeben und etwa 10 Minuten darin ziehen lassen. Die Klöße sind gar, wenn sie an der Oberfläche schwimmen.

(auf dem Foto: unten)

BRAUCHT ZEIT · **HERZHAFT**

BRAUCHT ZEIT · **VOLLWERTIG**

Rezeptverzeichnis

Auflauf Gärtnerin Art 20
Bratkartoffeln 54
Dauphinekartoffeln 58
Edelpilzcreme 33
Fischtopf 9
Gratin mit Schweinefilet 14
Himmel und Erde 34
Hühnersuppe, scharfe, indische Art 6
Irish Stew 27
Kartoffelauflauf mit Cornedbeef 22
Kartoffel-Erbsen-Suppe 8
Kartoffelgratin 50
Kartoffelgulasch mit Fisch 35
Kartoffelklöße halb und halb 62
Kartoffelklöße, italienische 61
Kartoffelklöße mit Buchweizen 62
Kartoffelkroketten 58
Kartoffeln nach Bauernart 16
Kartoffelnester 57
Kartoffelpizza 28
Kartoffelpuffer 52
Kartoffelpüree 52
Kartoffel-Sahne-Suppe 10
Kartoffelsalat, bunter 40
Kartoffelsalat, fruchtiger 47
Kartoffelsalat, leichter 41
Kartoffelsalat mit Kräutersauce 42
Kartoffelsalat mit Löwenzahn 46
Kartoffelsalat mit Putenbrust 48
Kartoffelsalat mit Rote-Bete-Dressing 42
Kartoffel-Sellerie-Salat 38
Kartoffel-Spinat-Auflauf 20
Kartoffelsuppe mit Mittelmeerkräutern 10
Kartoffelsuppe, ungarische 13
Kartoffel-Zucchini-Puffer 56
Krautauflauf 22
Kräuterbutter 32
Kräutercreme 33
Kräuterküchle, italienische 60
Kräuterpellkartoffeln 30
Labskaus 36
Lammfleisch »Bäckerart« 26
Makrelenauflauf 36
Matjessalat 44
Nußdip 31
Orangendip 31
Pilz-Kartoffel-Auflauf 18
Rindfleisch-Zwiebel-Salat 49
Rosenkohlsuppe 12
Rösti 54
Salat Nizza 44
Sauerkrautauflauf 19
Sommerquark 30
Speckkartoffeln, überbackene 16
Spinatpizza 28
Truthahn-Kartoffel-Auflauf 24
Wildkräutercreme 32
Zucchini-Hackfleisch-Topf 24

Dieses Buch gehört zu einer Kochbuchreihe, die die beliebtesten Themen aus dem Bereich Essen und Trinken aufgreift. Fragen Sie Ihren Buchhändler.

ISBN 3 8068 1297 7

© 1994 by Falken-Verlag GmbH,
65527 Niedernhausen/Ts.
Die Verwertung der Texte und Bilder, auch auszugsweise, ist ohne Zustimmung des Verlags urheberrechtswidrig und strafbar. Dies gilt auch für Vervielfältigungen, Übersetzungen, Mikroverfilmung und für die Verarbeitung mit elektronischen Systemen.
Titelbild: TLC-Foto-Studio GmbH, Velen-Ramsdorf
Foto S. 4, Kartoffel-Schlemmertopf der Fa. Scheurich Keramikfabrik, PF 1160, D-8764 Kleinheubach; alle sonstigen Fotos: FALKEN Archiv
Produktion: VerlagsService Dr. Helmut Neuberger & Karl Schaumann GmbH, Heimstetten
Satz: Fotosatz Völkl, Puchheim
Druck: Sebald Sachsendruck, Plauen

817 2635 4453 62